**Bibliografische Information der Deutschen Nationalbibliothek:**

Die Deutsche Bibliothek verzeichnet diese Publikation in der Deutschen National-bibliografie; detaillierte bibliografische Daten sind im Internet über http://dnb.d-nb.de/ abrufbar.

**Impressum:**

Copyright © 2019 GRIN Verlag
Druck und Bindung: Books on Demand GmbH, Norderstedt Germany
ISBN: 9783668984226

**Dieses Buch bei GRIN:**

https://www.grin.com/document/494536

Karl-Fritz Daiber

# Das Historische Museum "Himmlisches Königreich der Taiping" in Nanking

## Besuche im Herbst 2017 und 2018

GRIN Verlag

**GRIN - Your knowledge has value**

Der GRIN Verlag publiziert seit 1998 wissenschaftliche Arbeiten von Studenten, Hochschullehrern und anderen Akademikern als eBook und gedrucktes Buch. Die Verlagswebsite www.grin.com ist die ideale Plattform zur Veröffentlichung von Hausarbeiten, Abschlussarbeiten, wissenschaftlichen Aufsätzen, Dissertationen und Fachbüchern.

**Besuchen Sie uns im Internet:**

http://www.grin.com/

http://www.facebook.com/grincom

http://www.twitter.com/grin_com

Karl-Fritz Daiber

Das Historische Museum

„ Himmlisches Königreich der Taiping"

in Nanking

Besuche im Herbst 2017 und 2018

## Vorbemerkung

In den Jahren 2017 und 2018 haben meine Frau, Margarete Gaier, und ich die südliche Hauptstadt Chinas, Nanjing, besucht. Unser Interesse galt der Stadt und ihrer Umgebung als ganzer. Im Besonderen studierten wir das religiöse Leben dort, den Konfuzianismus, den Buddhismus und das Christentum, das katholische, vor allem aber das protestantische Christentum. Im Vorfeld dieser Reisen war ich auf die Taiping-Revolution gestoßen, deren Anführer sich als Christen verstanden hatten, als Revolutionäre, die die Fremdherrschaft der Mandschu-Dynastie über Jahre bedrohten, nachdem sie Nanjing erobert und dort ihre neue Hauptstadt, reich an Palästen, aufgebaut hatten.

Meine Interessen hatten zu einer Rezeptionsstudie geführt, im Rahmen derer ich die Wahrnehmung und Beurteilungen der Taiping in Veröffentlichungen der protestantischen Mission und in kommunistischen Veröffentlichungen in der Tradition von Karl Marx, Friedrich Engels und Mao Zedong verglichen habe (Karl-Fritz Daiber 2018, Die Taiping-Revolution in China (1851-1864), Norderstedt: BoD). Im Rahmen dieser Studien stieß ich auch auf den Hinweis, dass es in Nanjing ein Taiping-Museum gäbe. Dieses wollten wir 2017 schon besuchen: Wegen Renovierung geschlossen, auch der Garten. Ein Jahr später machten wir einen zweiten Versuch: Garten geöffnet, aber das Taiping-Museum geschlossen, wie sich später herausstellte nur wegen Reinigungsarbeiten. Am Ende unseres Aufenthaltes in Nanjing machten wir einen letzten Versuch, das Museum zu besichtigen. Diesmal klappte es. Glücklicherweise begleiteten uns chinesische Freunde, die diejenigen Tafeln, die nur in Chinesisch erläuterten, übersetzen konnten. Über diesen dritten Besuch wird im Folgenden berichtet.

## Taiping Heavenly Kingdom Historical Museum

Das 1958 eröffnete Museum ist nach einer Phase der vollständigen Erneuerung im Laufe des Jahres 2018 wieder eröffnet worden und kann zusammen mit dem Zhan Yuan Garten wieder besichtigt werden. Für die Taiping-Forschung ist es deshalb von großem Interesse, weil es die gegenwärtige, politisch gewollte Rezeption und damit Bewertung der Taiping-Revolution zeigt.

Literatur wird im Museum nicht angeboten, auch ein Katalog kann nicht erworben werden. So ist der Besucher auf den Rundgang angewiesen.

Er führt von einer großen Büste von Hong Xiuquan angefangen durch die Geschichte der Taiping, dokumentiert durch Ausstellungsstücke der verschiedensten Art zu einem Schlachtenpanorama, das die Rückeroberung von Nanjing durch die kaiserlichen Truppen im Jahr 1864 darstellt und schließt mit einer Dokumentation der Bewertung der Taiping durch Mao Zedong, Sun Yatsen, einen bedeutenden chinesischen Historiker und nicht zu vergessen durch Karl Marx ab. Der Verlauf der Geschichte der Taiping wird durch Schrifttafeln dargestellt. Die allermeisten Ausstellungstücke werden auch in Englisch vorgestellt. Ebenso sind die Informationstafeln auch in englischer Sprache vorhanden.

Alle Abbildungen wurden erstellt von Margarete Gaier und Karl-Fritz Daiber.

Im Folgenden wird der angebotene Rundgang vorgestellt.

**Die erste Schrifttafel enthält einen kurzen Gesamtüberblick.**

Sie nennt die Zeit der ersten drei Mandschu-Kaiser eine blühende Zeit für China. Der Niedergang setzt im 19. Jahrhundert ein. Er wird auf innenpolitische Ursachen zurückgeführt. Die Einfuhr von Opium wird hier nicht genannt, ebenso wenig auch die Ungleichen Verträge seit 1842.

Die Geschichte der Taiping beginnt 1851 mit dem Jintian-Aufstand. Hong Xiuquan führt ihn als Führer der God Worshipper an. In kampfreichen Jahren gelangen die Taiping nach Nanjing. 1853 erobern sie die Stadt und machen sie zur Hauptstadt des Taiping-Reiches. Sie heißt fortan Tianjing, Himmlische Hauptstadt. Kein Bauernaufstand war für die Mandschu Herrschaft gefährlicher als der von den Taiping angeführte.

In den besetzten Gebieten werden die Leitideen des Himmlischen Königreiches umzusetzen versucht. Zugleich wird der Herrschaftsbereich ausgedehnt. Richtung Norden dringen die Taiping-Heere bis nach Peking vor, ohne die Stadt endgültig zu erobern. Auch nach Westen hin wird das Herrschaftsgebiet erweitert. In der Hauptstadt wachsen allerdings unter den Führen die Uneinigkeit und eine gefährliche Konkurrenz untereinander. Erfolge werden erst wieder durch zwei junge Generäle erreicht. Hong Rengan wird in dieser Zeit zur kompetenten Führungsfigur. Er fordert Reformen und entwickelt programmatisch in einer Denkschrift die dazu nötigen Schritte. Die Tafel nennt das Programm von Hong

Rengan „a marvelous reformation program in modern China". Trotzdem erfährt man an dieser Stelle nichts Näheres über Hong Rengan, weder über seine Verwandtschaft mit Hong Xiuquan, noch über seine vielfältigen Beziehungen zu protestantischen Missionaren, noch dass er von einem von ihnen getauft worden war, noch von seinen Beziehungen zu dem bedeutenden britischen Missionar und Sinologen James Legge.

*Kommentar*: Die Einführung nennt drei Gründe für das letztendliche Scheitern der Bewegung: Einmal das Wiedererstarken des Qing-Kaisertums, zum andreren den Interessenkonflikt mit den ausländischen Machten und schließlich die internen Auseinandersetzungen, die die Umsetzung der Zukunftsvision verhinderten. Man wird schwerlich dieser Analyse nicht zustimmen können. Dass religiöse Einflüsse eine Rolle spielten wird nicht ganz übergangen, oder doch nur minimiert zur Geltung gebracht.

**Die zweite Schrifttafel beschreibt die Entwicklung der Bewegung in der Zeit von 1851 bis zur Eroberung von Nanjing.**

Eingesetzt wird mit Hinweisen auf die Schwächungen der Qing-Dynastie (Dynastie der Mandschu), insbesondere auch durch den Opium-Krieg. In dieser Ausgangslage entwickelt sich die Taiping-Bewegung. Hong Xiuquan, der Führer der Gottanbeter, sammelt seine Anhänger, ruft das Taiping Himmlische Königreich aus und begründet damit eine starke Gegenmacht gegen die Mandschus. Im selben Jahr noch ruft er sich selbst als Himmlischen König aus, er ernennt fünf führende Mitstreiter zu Königen und entwickelt so erste Herrschaftsinstitutionen des Himmlischen Reiches. Yong-an ist der Name der Stadt, in der sich die Taiping zunächst einrichten. Allerdings können die Regierungstruppen die Aufständischen einkesseln. Diesen gelingt der Ausbruch. Damit beginnt der Zug in Richtung Nanjing. Guilin in Changsa wird belagert und die Städte Wuchang, Jiujiang und Anqing erobert. Damit ist der Weg nach Nanjing frei.

*Kommentar*: Die Tafel fasst die durch andere Quellen belegten Geschehnisse knapp zusammen. Der religiöse Hintergrund, der sich auch im Namen des neuen Reiches andeutet, ist nicht erwähnt, ebenso nicht frühe Spannungen in der Führungsriege der Könige und zwischen ihnen und dem Himmlischen König.

**Die dritte Schrifttafel berichtet vom Staatsaufbau nach der Eroberung von Nanjing am 19. März 1853. Nanjing ist fortan „Himmlische Hauptstadt", Hauptstadt des Taiping Himmlischen Königreiches.**

Die Taiping entwickelten in den folgenden Jahren eine Reihe von Entwürfen und Verwaltungspraktiken in den Bereichen von Politik, Wirtschaft, Kultur und Soziales. Für eine effiziente Regierung werden Gebäude errichtet, so der Palast des Himmlischen Königs und Paläste der anderen Könige. Sie sind Ämter der zivilen und militärischen Verwaltung der Zentralregierung. Zur Verteidigung der Stadt werden die Verteidigungsanlagen verstärkt und strategische Pläne entwickelt, um den Angriffen der Kaiserlichen aus ihren großen Camps im Norden und Süden des Yangtse trotzen zu können.

Für die besetzten Gebiete wird ein Reformplan in Kraft gesetzt, „Das Landsystem des Himmlischen Königreiches". Das feudale Eigentumssystem wird abgeschafft und das Bauernland unter den unteren Klassen verteilt. Dieser Plan könne als Entwurf einer idealistischen Gesellschaft gelten, in der alle Menschen gleich sind.

Alles, was die Einwohner des Landes brauchen, gehört allen und wird unter allen verteilt.

*Kommenta*r: Man kann hier von einer hoch positiven Bewertung der Taiping sprechen. Schattenseiten sind nicht angesprochen, es sei denn, dass der Begriff „idealistic society" auch Kritik konnotiert.

**Die vierte Schrifttafel ist überschrieben „Die Expedition nach Norden und der Marsch nach Westen".**

Beide Kriegszüge sollten der Ausdehnung und weiterer Sicherung des Herrschaftsgebiets und der Machtübernahme in Peking dienen. Zeitlich liegen sie in den der Eroberung von Nanjing folgenden zwei Jahren.

Die verantwortlichen Oberkommandierenden für beide Unternehmungen werden genannt.

Die Expedition nach Norden scheitert. Die Tafel nennt dafür mehrere Gründe: eine falsche Taktik, das Fehlen von Proviant und der notwendigen Verstärkung, unvertraute Umstände sowie schlechte klimatische Bedingungen.

Im Gegensatz dazu ist der Marsch nach Westen erfolgreich, und zwar in den Provinzen Anhui, Jiangxi und Hubei. Die Städte Anqing, Jiujiang, Wuchan und andere strategisch wichtige Schutzorte für die Hauptstadt und deren Versorgung mit Nahrungsmitteln und wichtigem Bedarf konnten erobert werden.

**Die fünfte Schrifttafel** berichtet über die wachsenden Meinungsverschiedenheiten unter den Taiping-Königen und ihrer Zuspitzung im Jahr 1856.

Im Sommer dieses Jahres gelang es, die militärische Lage zu stabilisieren. Das Nord-Camp und das Süd-Camp der kaiserlichen Truppen wurden vernichtet. Von ihnen war eine unmittelbare Bedrohung Nanjings ausgegangen.

Im Blick auf die inneren Entwicklungen wird festgestellt, Hong Xiuquan habe sich immer mehr in seinen Palast zurückgezogen und die Regierungsarbeit vor allem dem Altkönig Yang Xiuqing überlassen. Dieser habe dann auch seine Machtansprüche ausgebaut, einen neuen hohen Titel gefordert und Hong Xiuquan geradezu zu entmachten versucht. Der Himmlische König habe daraufhin die Ermordung von Yang Xiuqing befohlen. Vollzogen wurde die Aktion durch den Nordkönig. Yang wurde mit 20 000 seiner Anhänger getötet. Infolge der Wirren habe ein weiterer König mit 100 000 Elitesoldaten Nanjing verlassen. Alle diese Umtriebe hätten die Macht des Himmlischen Königreiches erheblich geschwächt. Der Gott-Mythos hätte zu verschwinden begonnen.

*Kommentar*: An den Inhalten dieser Schrifttafel fällt auf, dass der religiöse Hintergrund der Aktionen nicht erkennbar gemacht wird. Der Machtkampf zwischen Hong und Yang ist als politischer Machtkampf auch ein religiöser. Allen Quellen nach ist Yang von Visionen geleitet worden, er hat göttliche Stimmen gehört und göttliche Aufträge empfangen, und er hat seiner Meinung nach versucht, genau diese dann umzusetzen. Wie solche Visionen entstehen, braucht hier nicht erörtert zu werden. Sie spielen jedenfalls für die Darstellung der Konflikte, wie sie die Schrifttafel bietet, keine    Rolle. Sie passt aber sehr wohl in die weitere Präsentation des Museums,  insbesondere was die Rolle von Hong Rengan angeht. Er ist mindestens zwei Mal sehr positiv  erwähnt, aber im Weiteren erfährt der Besucher über ihn nichts Näheres. Allerdings entdeckt man dann doch eine Porträtzeichnung von Hong Rengan. Sie zeigt einen langhaarigen Mann auf einer Pritsche sitzend. Vermutlich erinnert die Zeichnung an die letzte Gefängniszeit von Hong Rengan vor seiner Hinrichtung 1865.

Ein Porträt des Schildkönigs Hong Rengan

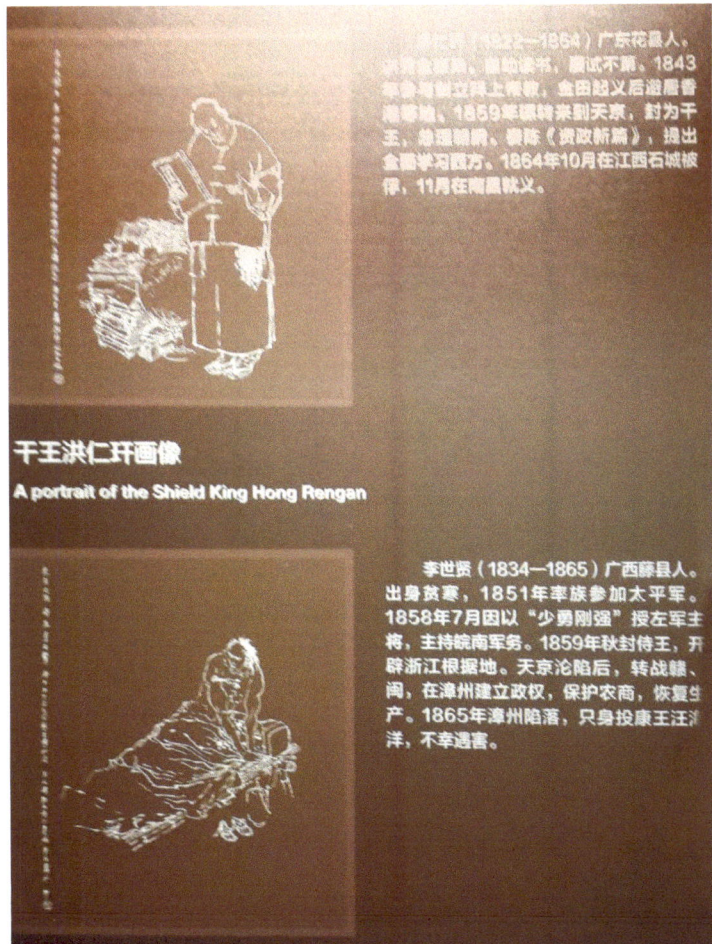

干王洪仁玕画像
A portrait of the Shield King Hong Rengan

Neben dem kleinen Porträt steht ein chinesischer Text. Ein englischer Text fehlt an dieser Stelle. Ins Deutsche übersetzt lautet der chinesische Text:

Hong Rengan (1822-1865) stammte aus dem Hua Kreis, Provinz Guangdong. Als er jung war, hat er vieles gelernt und versucht. Mehrmals hat er Beamtenprüfungen absolviert, um einen Regierungsposten zu erhalten. In den Examen war er nicht erfolgreich. 1843 war er an der Gründung einer quasi-christlichen Organisation beteiligt.

Nach dem Jing-Tian-Aufstand (Jing Tian bedeutet wörtlich Goldene Feder) war er nach Hongkong und auch in andere Städte geflohen.

Im Jahr 1859 war er nach Tian Jing gekommen, wo ihm eine wichtige Führungsposition übertragen wurde. Damals hat er die berühmte Abhandlung „Zi Zhen Xi Pian" (nämlich: Die neue Theorie für die Staatsverwaltung) verfasst. Er hat darin die Auffassung vertreten, dass die Chinesen vom Westen lernen sollten.

Im Oktober 1865 war Hong Rengan in der Stadt Shi, Provinz Jiangxi, verhaftet und im November des gleichen Jahres in Nanchang, Provinz Jiangxi, hingerichtet worden."

(Übersetzung von Fan Zhang, eine in den USA lebende Bekannte, die in Hannover studiert hat.)


**Die weiteren Schrifttafeln**

begleiten den Rundgang an den verschiedensten Artefakten vorbei, Dokumenten, Siegel, Schwerter und nicht zuletzt zeitgenössischen Bildern. Sie münden in das Schlachtenpanorama, das die Rückeroberung der Himmlischen Hauptstadt durch die Qing-Truppen zeigt.

**Die Ausstellung schließt**

mit einem informativen Teil zur Rezeption der Taiping-Revolution.

Die englische Einführung hat folgenden Wortlaut:

„Das Taiping Himmlische Königreich war während der letzten 150 Jahre sowohl in akademischen Zirkeln wie bei den Leuten Gegenstand der Diskussion. Die kontroversen Bewertungen des Himmlischen Königreiches wie die von Hong Xiuquan sind nie beendet worden. Obwohl es schließlich untergegangen ist, hat doch das Himmlische Reich 18 Jahre bestanden und über die Hälfte des chinesischen Reiches unter seine Herrschaft gebracht, über 600 kleinere und größere Städte wurden erobert und ein Anti-Mandschu-Bauernregime aufgebaut. Unter seinem Einfluss sind überall im Land Bauernaufstände gegen die Mandschu ausgebrochen, die die korrupte Mandschu- Herrschaft ernstlich bedroht haben." (Übersetzung: KFD)

*Kommentar*: Genau genommen formuliert die Informationstafel ein Erstaunen darüber, dass überhaupt das Taiping-Reich so kontrovers wahrgenommen wurde und wahrgenommen wird. Der Aufstand hat nach Meinung der Verfasser des Textes der kaiserlichen Mandschu-Herrschaft einen entscheidenden Stoß versetzt, nicht den Todesstoß, aber doch die Beendigung des Kaisertums einleitend. Das Taiping-Reich begann als Bauernaufstand und wurde zu einer Art Sammlungsbewegung der Bauern gegen die Mandschu-Kaiser. Damit kommt sie dem nahe, was im marxistischen Sinn eine Revolution ist. Der Begriff der Revolution wird in diesem Text allerdings vermieden.

**Für die abschließende Bewertung von Hong Xiuquan werden Äußerungen von maßgebenden Meinungsführern auf Schrifttafeln präsentiert.**

## Mao Zedong

wird zwei Mal das Wort gegeben. Die erste Tafel zitiert einen Diskussionsbeitrag bei einer Tagung über die Bauernbewegungen in Südchina, die 1926 stattgefunden hat. Hong Xiuquan habe im Gegensatz zu dem kaiserlichen General Zeng Guofan, dessen Heer an der Rückeroberung von Nanjing entscheidend beteiligt gewesen war, sich den sozialen und politischen Problemen in falscher Weise gestellt. Hong hätte sich anders als Zeng vom Konfuzianismus abgesetzt und das Christentum vorgezogen, dadurch aber die chinesische Tradition zu wenig berücksichtigt. Durch diesen Fehler seines Gegners sei Zeng siegreich geblieben.

毛泽东：自从一八四〇年鸦片战争失败那时起，先进的中国人，经过千辛万苦，向西方国家寻找真理。洪秀全、康有为、严复和孙中山，代表了在中国共产党出世以前向西方寻找真理的一派人物。

Mao Tse-tung: From the time of China's defeat in the Opium War of 1840, Chinese progressives went through untold hardships in their quest for truth from the Western countries. Hong Xiuquan, Kang Youwei, Yan Fu and Sun Yat-sen were representative of those who had looked to the West for truth before the Communist Party of China was born.

Die zweite Mao gewidmete Schrifttafel zeigt ein Foto von im, vermutlich aus den frühen 1930er Jahren.

Mao habe auch daran erinnert, dass seit der Zeit des Ersten Opium-Krieges chinesische Fortschrittler sich mit Schwierigkeiten konfrontiert gesehen hätten, wenn es um die Beantwortung der Frage nach einer möglichen Bedeutung der westlichen Länder für die Entwicklung in China gegangen sei. Mao zähle zu diesen fortschrittlichen Chinesen wie Hong Xiuquan, Kang Youwei, Yan Fu und Sun Yat-sen. Solche Männer hätten im Westen neue Wahrheiten gesucht, ehe sich die Kommunistische Partei Chinas gebildet habe.

Ein bedeutender Führer der Reformer kommt durch den Hinweis auf **Li Qichao**, Schüler von Kang Youwei, zu Wort: Der Fehlschlag von Hong Xiuquan habe mehrere Ursachen gehabt, die wichtigste davon sei die gewesen, dass er als Markenzeichen ein unbestimmbares Christentum (nondescript Christiannity) benutzt habe, das der chinesischen Nationalität nicht entsprochen habe.

**Sun Yat-sen sind zwei Tafeln gewidmet.**

孙中山: 洪秀全为反清第一英雄。洪以一介书生，贫无立锥，毫无势位……则登高一呼，万谷皆应，云集雾涌，裹粮竞从。一年之内，连举数省，破武昌，取金陵，雄踞十余年。太平天国一朝，为吾国民族大革命之辉煌史……吾欲子（刘成禺）搜罗遗闻，撰著成书……发扬先烈，用昭信史。

Sun Yat-sen: Hong Xiuquan is the No.1 hero of the anti-Manchurian movement. He was a poor intellectual without power when he made the advocate, but all responded, with people poured in and resources came in as well. In less than a year, the revolution spread to several provinces, and the Taipings conquered Wuchang, took Nanjing, and survived for more than a decade. The dynasty of the Taiping Heavenly Kingdom was the glory of our nation and people...I wish you ( Mr. Liu Chengyu ) set to collect all the materials and write a book to memorize the Taiping heroes and their spirits.

Der berühmte Bahnbrecher der Revolution habe von sich als Hong Xiuquan II gesprochen. Er sei der Meinung gewesen, dass die inneren Auseinandersetzungen in Nanjing die wichtigste Ursache des Scheiterns gewesen seien. Dazu seien weitere Gründe gekommen: Für Hong sei nur die Nation wichtig gewesen, nicht aber die Rechte des Volkes, nur das monarchische Regierungssystem, nicht aber die Demokratie.

Eine zweite Tafel zeigt ein Foto von Sun Yat-sen mit einem Text, der einen Taiping-Forscher unterstützen sollte. Hong Xiuquan sei die Nummer eins der Anti-Mandschu-Bewegung. Er habe als mittelloser Intellektueller begonnen. Sein Eintreten für ausgestoßene arme Leute hätte  breite Unterstützung gefunden. In weniger als einem Jahr hätte sich die Revolution über mehrere Provinzen ausgebreitet, Wuchang sei erobert worden und Nanjing. Das Taiping-Reich hätte mehr als zehn Jahre Bestand gehabt. Die Dynastie  des Taiping Himmlischen Reichs sei ein Ruhmesblatt der chinesischen Nation und ihres Volkes.

**Schließlich gibt  eine Schrifttafel mit Foto noch Karl Marx das Wort.**

马克思：中国的连绵不断的起义已延续了十年之久，现在已经汇合成一个强大的革命，不管引起这些起义的社会原因是什么，也不管这些原因是通过宗教的、王朝的还是民族的形式表现出来，推动了这次大爆炸的毫无疑问是英国的大炮，英国用大炮强迫中国输入名叫鸦片的麻醉剂。

Karl Marx: Whatever be the social causes, and whatever religious, dynastic, or national shape they may assume, that have brought about the chronic rebellions subsisting in China for about ten years past, and now gathered together in one formidable revolution. The occasion of this outbreak has unquestionably been afforded by the English cannon forcing upon China that soporific drug called opium.

Marx hätte festgestellt, dass unabhängig von den sozialen Ursachen und unabhängig von religiösen, dynastischen oder nationalen Rahmenbedingungen, von denen die Taiping beeinflusst worden seien, Hongs Bewegung diejenige gewesen sei, der es gelungen sei, die in den ihr vorausgegangenen zehn Jahren begonnenen Bauernaufstände zu einer einzigen Aufstandsbewegung zusammenzuführen, zu einer beeindruckenden Revolution, deren Ausbruch wesentlich auch durch die englischen Verträge, die den

18

Chinesen eine Droge genannt Opium aufgezwungen hätten, mit verursacht worden sei.

*Kommentar*: Leider ist die Quelle des Textes nicht angegeben. Die hier berichtete Einschätzung von Marx weicht deutlich von seiner Beurteilung der Taiping-Bewegung nach der Eroberung der Hafenstadt Ningbo ab (Daiber 2018, 48-53). Besonders auffällig ist der Hinweis der Informationstafel, dass bei Marx die Wertung als „beeindruckende Revolution" vorkommt.

**Ganz am Schluss der Ausstellung, nur vor den Zeittafeln, findet sich noch einmal eine Bewertung der Taiping durch Mao Zedong.**

Gezeigt wird die Ablichtung eines handschriftlichen Briefes von Mao an einen Mitstreiter (Guo Moruo) vom 21. November 1944. Mao erinnert in diesem Brief an die militärischen Leistungen der Taiping und schreibt sodann, schon nach Anfangserfolgen seien sie überheblich geworden, zunächst in geringem Maße, später erheblich. Sie hätten diesen Fehler wieder und wieder gemacht. Es sei notwendig, dass die Kommunisten jetzt nicht den gleichen Fehler begehen würden. Es sei hilfreich, an diese Erfahrungen zu denken.

Unter dem Mao-Brief sind zwei Titelblätter von Arbeiten zur Geschichte Chinas in der Mitte des 19. Jahrhunderts. In Ablichtung ausgestellt.

## Die Taiping-Revolution und ihr religiöser Hintergrund

## Abschließende Beobachtungen

Wer den Rundgang beendet hat, weiß, dass heutige chinesische Geschichtsschreibung den Taiping eine große Bedeutung für die gesellschaftlichen und politischen Entwicklungen hin zum kommunistischen China zuerkennt. Mao ist dafür Wegweiser gewesen. Dass er das Himmlische Königreich der Taiping und auch Hong Xiuquan nicht unkritisch gesehen hat, geht aus den präsentierten Texten deutlich hervor.

Doch wird die Taiping-Revolution auch als eine religiös grundierte Revolution gesehen? Auch dies ist der Fall, allerdings mit bedeutenden Einschränkungen. Ich nenne unter dem im Museum Übergangenen und Ausgesparten nur das Wichtigste:

Die Berufungserfahrungen von Hong Xiuquan bleiben unerwähnt. Die visionären Impulse von Hongs Gegenspieler Yang, die mit zur schwersten inneren Krise in der Hauptstadt geführt haben, werden kaum angedeutet. Die Bibeldruckaktivitäten bleiben unerwähnt. Die anfänglichen und fortlaufenden Kontakte zu amerikanischen, englischen und Basler Missionaren bleiben ungenannt. Hong Rengan wird gewürdigt, seine Kontakte zu Missionaren indessen verschwiegen. Der in Nanjing eine Zeitlang lebende Missionar Issachar Roberts wird nicht erwähnt.

Allein über ausgestellte Bilder erhält man Einblick in das religiöse Leben in Nanjing während der Zeit der Taiping-Herrschaft.

天朝宫殿崇圣殿

A painting of Chong-sheng Hall ( God Worshiping Hall ) inside the Heavenly Palace

Das Gemälde zeigt die Gottesdiensthalle auf dem Gelände des Himmlischen Palastes.

Sie ist den europäischen Hofkirchen vergleichbar.

Auch in buddhistischen oder muslimischen Hauptstädten gibt es Bauten dieser Art.

太平天国在举行宗教活动

A painting illustrating the Taipings doing religious services

太平天国每逢礼拜日，上自天王，下至百姓，都要举行礼拜活动，颂赞上帝恩德。

Hier handelt es sich ebenfalls um ein Gemälde. Es will zeigen, in welcher Weise die Taiping Gottesdienst gehalten haben. An einer grünen Wand steht der Altar mit Kerzen. Eine Musikgruppe hat sich um ihn versammelt. Vom Altar aus gesehen auf der rechten Seite sitzen die Männer. Auf der linken Seite sitzen die Frauen, die zum Teil von Kindern begleitet sind. Vorschriften für derartige Sitzordnungen finden sich auch in deutschen evangelischen Kirchenordnungen des 16. Jahrhunderts. Sie sind in dieser Weise bis ins 20. Jahrhundert praktiziert worden. Die Trennung von Männern und Frauen bei den Gottesdiensten war gängige Praxis noch im Protestantismus des 20. Jahrhunderts.

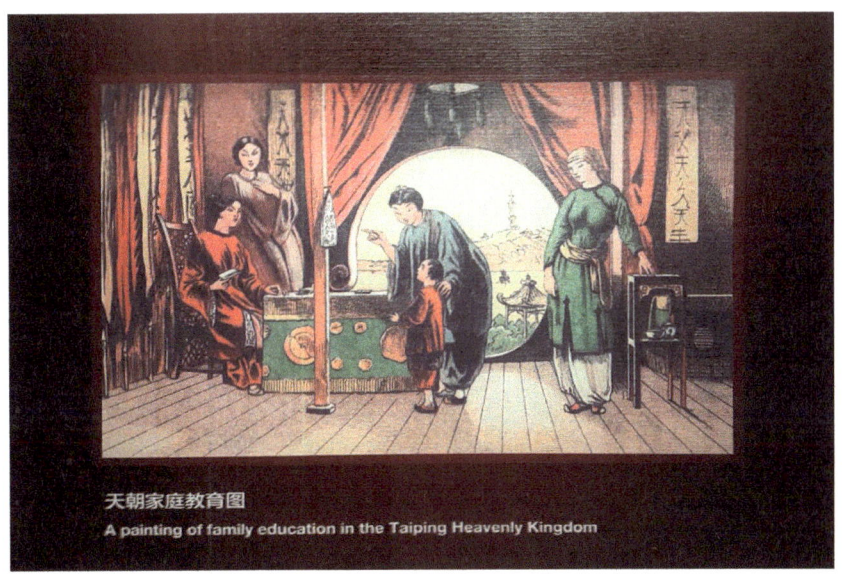

天朝家庭教育图
A painting of family education in the Taiping Heavenly Kingdom

Das Foto zeigt die Unterweisung eines kleinen Jungen in der Familie. Man kann davon ausgehen, dass hier auch biblische Sprüche vermittelt worden sind, dies in Anknüpfung an die konfuzianische Tradition. Das Gemach verweist auf eine hochgestellte Familie.

Mit diesen Fotos gewinnen die Besucher des Museums einen knappen Einblick in die religiöse Kultur der Taiping. Inhalte werden damit nicht vermittelt.

**Alles in allem**: Der religiöse Hintergrund des Taiping-Reiches ist nicht gänzlich übergangen. Dies unterscheidet die Präsentation des Museums deutlich von älteren Arbeiten aus dem Umfeld der chinesischen Staatspartei vor und nach der Kulturrevolution.

## Dank

Zu danken habe ich meiner Frau, Margarete Gaier. Auf ihrem Smartphone wurden unsere Fotos aufgenommen. Gedankt sei auch unserer Freundin Zhang Fan für ihre Übersetzungshilfe und Moritz Daiber für die Text- und Bildgestaltung.

**Biographische Notiz**

Prof. Dr. Karl-Fritz Daiber, geboren 1931 in Ebingen, seit 1999 verheiratet mit Margarete Gaier geborene Dieterich. In erster Ehe verheiratet mit Elsbeth geborene Frauer, drei Töchter und drei Söhne.

Studium der evangelischen Theologie und der Soziologie in Tübingen und Erlangen von 1951 bis 1955.

Von 1958 bis 1971 Gemeindepfarrer in Creglingen. Von 1962 bis 1967 berufsbegleitendes Studium der Soziologie in Erlangen, Abschluss 1967 als Dr. phil. mit Hauptfach Soziologie.

1972 Habilitation an der Universität Göttingen für das Fach Praktische Theologie.

Von 1971 – 1996 Leiter der Pastoralsoziologischen Arbeitsstelle der Ev.-lutherischen Landeskirche Hannover und seit 1988 zugleich Prof. für Praktische Theologie und Religionssoziologie an der Philipps-Universität Marburg.

Zwischen 1997 und 2001 mehrere Gastdozenturen in Südkorea, Forschungsreisen nach Japan, Taiwan, Vietnam, die Volksrepublik China und Indonesien.

Von 2000 bis 2006 Lehrbeauftragter für Religionssoziologie am Religionswissenschaftlichen Seminar der Universität Hannover.

Gegenwärtiger Forschungsschwerpunkt: Ostasiatische Religionen

Zahlreiche Veröffentlichungen